DES TEXTES À TRANSFORMER

CM2

Sandrine BROU
Professeur des écoles
Académie de Nice

La Trousse de Sobelle
Blogueuse

Copyright © 2022
Tous droits réservés

PRÉSENTATION

Ce cahier contient 30 textes à transformer (ou à transposer.)
Il s'agit de réécrire le texte proposé en changeant le temps ou parfois la personne selon la consigne.

Ces exercices pour but d'être utilisés en autonomie, dans le cadre d'un plan de travail, par exemple.

A la fin de ce cahier, se trouvent les autocorrections qui sont destinées aux élèves. En effet, il est plus intéressant que les élèves se corrigent eux-mêmes, cela facilite la compréhension des erreurs.

COMMENT PROCÉDER ?

Les élèves lisent le texte silencieusement et la consigne. Ils vont ensuite faire le travail demandé dans le cadre dessous. Sur la première ligne, il faut écrire le titre.

L'enseignant garde les corrections et il les donne aux élèves après que ceux-ci lui ai montré le travail réalisé. Ils corrigent alors stylo vert sous le mot sans le barrer.

Il vérifie ensuite si la correction a été bien prise, corrige au besoin et peut colorier la bulle-numéro en vert, orange, rouge... comme appréciation.

POURQUOI CES EXERCICES ?

Je me suis rendue compte qu'une leçon et quelques exercices une seule fois, sur toute l'année, sur un nouveau temps, n'était vraiment pas suffisant pour bien acquérir les compétences voulues.

Il faut donc revoir, refaire et réinvestir. Non pas, une fois, mais deux, voire, trois ou quatre fois. C'est pourquoi vous trouverez plusieurs fiches sur un même temps.

Ces textes à transformer propose une façon différente et originale pour travailler la conjugaison autrement.

TEXTES À TRANSFORMER CM2

SOMMAIRE

N°	Titre	Temps
1	Dire non au racisme et à l'intolérance	Présent
2	Claudie André-Deshays dans la station Mir	Présent
3	Occupe-toi de ta perruche	Infinitif
4	Gâteau au chocolat	Impératif
5	L'éléphant	Présent
6	Qui suis-je ?	Présent
7	Le requin baleine	Présent
8	Deux pour une	Présent
9	Titanic	Futur
10	Vive mon robot !	Futur
11	Les beaux jours	Futur
12	Les Indiens de la rue Jules Ferry	Futur
13	Le souper du roi	Imparfait
14	Un jaguar très rusé	Présent
15	Les animaux étudient	Imparfait
16	maladresse	Imparfait
17	Inventions	Imparfait
18	L'ours	Imparfait
19	Les villes du moyen-âge	Passé simple
20	La petite chèvre de M. Seguin	Présent
21	Le déluge	Présent
22	La guerre éclair	Passé simple
23	Au tribunal	Passé composé
24	Mystère dans la nuit	Passé composé
25	Le début de l'Histoire en Mésopotamie	Passé composé
26	Le maréchal Pétain	Passé composé

TEXTES À TRANSFORMER

CM2

Dire non à l'intolérance

Et toi, pourquoi tu es comme tu es ?

Tu es comme tu es parce que tu as des parents, des grands-parents à qui tu ressembles. Les moments que tu passes avec tes copains et tout ce que tu vis, ça fait aussi partie de ce que tu es.

Ton frère, ta sœur sont différents de toi bien que vos parents soient les mêmes.

Astrapi n°451, 15 novembre 1997

Consigne : Ecris ce texte à la première personne du singulier (je)

Ecris ton texte ici :

Titre : _____

TEXTES À TRANSFORMER

2 — CM2

Claudie André-Deshays dans la station Mir

Au début, mes affaires n'arrêtent pas de voler : [...] Je perds toujours quelque chose. J'écris des petits mots : « Si vous trouvez une montre, merci de prévenir Claudie ! »

J'ai emporté trois cents kilos de matériel pour mener mes expériences. J'étudie comment fonctionne le cerveau. [...]

Je dors debout dans un sac de couchage accroché à une paroi. Sinon, je risque de me réveiller à l'autre bout de la Station.

D'après Jean-Luc Coudray, Le mouton Marcel. Ed. Milan

Consigne : Ecris ce texte en remplaçant Claudie André-Dehays par les cosmonautes.

Ecris ton texte ici :

Titre : _____

TEXTES À TRANSFORMER

Occupe-toi de ta perruche

Installe une grande cage, avec un gros perchoir bien lisse. VNe mets pas la perruche dans la cuisine, la graisse abîme ses plumes.

Enlève tous les jours les crottes de la cage, nettoie-la à fond une fois par semaine. Fournis-lui des graines, des fruits et des légumes crus et de l'eau fraîche régulièrement.

Fais souvent voler la perruche hors de sa cage, mais avant, tire les rideaux des fenêtres, ferme bien les portes et enlève tout ce qui peut la blesser.

Consigne : Ecris ce texte à l'infinitif. (N'oublie pas le titre)

Ecris ton texte ici :

Titre : _____

TEXTES À TRANSFORMER

Gâteau au chocolat

Casser une plaque de 200 g de chocolat noir en petits morceaux, ajouter 100 g de beurre, les faire fondre (deux minutes au micro-ondes ou tout doucement au bain-marie). Tourner (pour rendre le mélange bien homogène).

Ajouter 175 g de sucre et une cuiller à soupe de farine. Prendre 6 œufs, séparer les blancs des jaunes, ajouter les jaunes, battre les blancs en neige et incorporer délicatement à la préparation. Cuire à four doux pendant vingt minutes. Servir froid.

Consigne :

Ecris cette recette à l'impératif, à la 2ème personne du pluriel (vous).

Ecris ton texte ici :

Titre : _____

TEXTES À TRANSFORMER

L'éléphant

L'éléphant se sert de son extraordinaire intelligence pour survivre.

Dès qu'il est chassé, il change de territoire, il se cache.

C'est parce qu'il est très intelligent que l'éléphant a survécu aux massacres perpétrés par l'homme pour son ivoire.

C'est aujourd'hui un animal protégé.

Josyane Tricolt, Okapi, n°535

Consigne : Ecris ce texte en remplaçant « l'éléphant » par « les éléphants »

Ecris ton texte ici :

Titre : _____

TEXTES À TRANSFORMER

Qui suis-je ?

Je suis un rat blanc. Je suis plus gros que la souris.

J'ai une dentition différente : ma première molaire est plus courte et moins voyante.

Je descends du surmulot sauvage qui vit dans nos campagnes. En véritable glouton, je grignote sans cesse.

Je m'attache rapidement à mon maître avec qui je partage trois ou quatre ans de vie.

Consigne : Ecris ce texte à la 1ère personne du pluriel.

Ecris ton texte ici :

Titre : _____

7 TEXTES À TRANSFORMER

Un requin-baleine

Ce monstre est un requin-baleine. Ce gros poisson a une tête qui atteint une telle grosseur et une telle laideur qu'elle nous impressionne. Elle est large et plate comme celle d'une grenouille.

Ses petits yeux sont placés latéralement et ses mâchoires ressemblent à celles d'un crapaud.

Il possède un corps énorme, mais sa longue queue et sa mince nageoire caudale, prouvent que cet animal n'appartient à aucune espèce de baleine.

Consigne : Ecris ce texte en remplaçant « le requin-baleine » par « les requins-baleines ».

Ecris ton texte ici :

Titre : _____

TEXTES À TRANSFORMER

Deux pour une

Louise et Lotte arrivent en colonie de vacances. Elles ne se sont jamais rencontrées.

Lotte vient de Londres. Louise de Rome.

A leur arrivée, tout le monde est figé de surprise, elles sont le sosie l'une de l'autre.

Au début, elles prennent très mal cette ressemblance, puis l'amitié naît entre elles.

Consigne : Ecris ce texte en remplaçant Louise et Lotte par « Toi et moi » ;

Ecris ton texte ici :

Titre : _____

TEXTES À TRANSFORMER

Le Titanic

Le Titanic, le plus grand paquebot de son époque, part d'Angleterre direction New-York le 14 avril 1912.

23h57 : Les gardiens de navigation aperçoivent un iceberg et alertent le commandant de bord.

23h58 : Le Titanic heurte l'iceberg, puis la salle des machines se remplit d'eau.. Les passagers sont informés. Les femmes et les enfants montent dans les canots de sauvetage.

02h20 : Le bateau coule et environ 1 500 personnes meurent, soit noyées, soit de froid.

Consigne : Ecris ce texte au futur

Ecris ton texte ici :

Titre : _____

TEXTES À TRANSFORMER

Vive mon robot !

Voici mon robot : il réalise tous mes souhaits.

J'appuie sur un bouton : il dessine mon portrait.

Sur un autre, il apprend ma leçon à ma place. Il sait aussi rendre la monnaie.

Je n'ai plus à me lever : il m'amène à manger quand j'ai faim, il allume la télé, il va faire les courses.

Comme il est bien mon robot ! Hélas, il n'existe que dans mes rêves.

Consigne : Ecris ce texte au futur

Ecris ton texte ici :

Titre : _____

TEXTES À TRANSFORMER

Les beaux jours

La saison sèche était propice au voyage.

Les jours étaient cléments et les nuits fraîches.

Mais à mesure que nous allions vers le sud, il faisait presque assez chaud pour pouvoir dormir dehors sans couverture.

Les midis étaient devenus si brûlants que nous avions envie de nous défaire de tous nos vêtements et de notre chargement.

Consigne : Ecris ce texte au futur

Ecris ton texte ici :

Titre : _____

TEXTES À TRANSFORMER

Les Indiens de la rue Jules Ferry

Ce matin, Plume-Agile lève le nez et renifle.

Le vent tourne et il y a dans l'air comme une odeur de trahison.

Elle est restée seule au campement.

Les enfants et les vieillards ont été évacués au début de l'après-midi vers les montagnes.

Les guerriers surveillent au loin ou bien chassent.

Consigne : Ecris ce texte au futur en commençant par « demain matin ».

Ecris ton texte ici :

Titre : _____

TEXTES À TRANSFORMER

Le souper du Roi

Le repas du Roi constitue chaque soir un moment important de la vie de la cour. Louis XIV soupe au Grand Couvert, devant les courtisans.

Seule la famille royale peut manger avec le Roi. L'étiquette définit très rigoureusement le déroulement de ce souper dont le maître d'hôtel dirige les opérations.

Le souper est souvent pris en musique. Un violoniste de la Chambre interprète les symphonies de Delalande et un chanteur anime parfois la soirée.

Consigne : Ecris ce texte à l'imparfait.

Ecris ton texte ici :

Titre : _____

TEXTES À TRANSFORMER

Un jaguar très rusé

Autrefois, près du village au bord du fleuve, vivait un jaguar très rusé.

Quand un problème survenait dans la grande forêt, on faisait toujours appel à lui.

Il arrangeait les histoires de famille en se faisant payer un bon prix.

Tous les animaux avaient eu affaire à lui.

Sa réputation avait même atteint les oreilles des hommes.

Consigne : Ecris ce texte au présent en commençant par « aujourd'hui ».

Ecris ton texte ici :

Titre : _____

TEXTES À TRANSFORMER

CM2

Les animaux étudient

Les cochons, eux, savaient déjà lire et écrire à la perfection. Les chiens apprenaient à lire à peu près couramment.

Les chèvres, s'en tiraient mieux qu'eux. Le soir, il leur arrivait de faire aux autres la lecture des fragments de journaux.

Les vaches récitaient toutes les lettres, mais la science des mots leur échappait.

Quant aux coqs ils n'allaient pas au-delà de la lettre « d ».

Consigne : Ecris ce texte en mettant tous les noms d'animaux au singulier.

Ecris ton texte ici :

Titre : _____

TEXTES À TRANSFORMER

Maladresse

Il arrivait sans arrêt à Milo des accidents stupides :

Renverser le vase précieux de sa mère, s'asseoir sur le dernier DVD de sa sœur, crever le fond du sac à provisions (ou se trouvaient naturellement les œufs) en revenant du supermarché. Ou encore recevoir des livres sur la tête à la bibliothèque.

Les gens parfaits n'étaient sûrement pas victimes de tels accidents.

Mais comment devenir parfait en 3 jours. Stephen Manes, Rageo-Editeur

Consigne : Ecris les verbes qui sont à l'infinitif, à l'imparfait à la 3ème personne du singulier (il).

Ecris ton texte ici :

Titre : _____

17 TEXTES À TRANSFORMER — CM2

Inventions

Dans tout le pays, on organise un concours pour l'invention la plus utile. Beaucoup d'entre elles sont vraiment intelligentes, utiles et faciles à réaliser :

Voitures très économiques qui marchent au sirop de grenadine et laissent derrière elles un sillage de parfum ; engrais qui font pousser un tapis de gazon sur les trottoirs ; vêtement dont la taille augmente au fur et à mesure que les enfants grandissent ; lunettes d'étude qui rendent attrayante la lecture des manuels scolaires.

D'après Marcelle Argili, Nouvelles d'aujourd'hui.

Consigne : Ecris ce texte à l'imparfait

Ecris ton texte ici :

Titre : _____

TEXTES À TRANSFORMER

L'ours

Une voûte sombre perçait la falaise à une faible hauteur. Au fond de la grotte, l'ours grogna, irrité par le tintamarre qui venait déranger sa quiétude.

Sa bouche noire frémit.

Lourdement, il s'approcha de l'entrée de sa retraite et passa la tête au-dehors, se dressa sur ses pattes arrières et tendit son nez au vent.

Stephan Wul, Niourk, Denoël

Consigne : Ecris ce texte en remplaçant « l'ours » par « les ours »

Ecris ton texte ici :

Titre : _____

TEXTES À TRANSFORMER

Les villes du Moyen-Age

Au Moyen-Age, les villes se développent et les remparts deviennent vite trop étroits.

Mais ils assurent la sécurité et les bourgeois s'entassent dans des maisons construites en hauteur.

Les ateliers et les boutiques s'ouvrent sur des rues bruyantes, étroites et boueuses.

On commence à les paver au XIIIème siècle seulement.

Consigne : Ecris ce texte au passé simple.

Ecris ton texte ici :

Titre : _____

TEXTES À TRANSFORMER

La petite chèvre de Monsieur Seguin

Quand la petite chèvre blanche arriva dans la montagne, ce fut un ravissement général.

Jamais les vieux sapins n'avaient rien vu d'aussi joli.

Les châtaigniers se baissaient jusqu'à terre pour la caresser du bout de leurs branches.

Les genêts d'or s'ouvraient sur son passage et sentaient bon tant qu'il pouvaient.

Toute la montagne lui fit la fête.

Les lettres de mon Moulin d'Alphonse Daudet

Consigne : Ecris ce texte au présent.

Ecris ton texte ici :

Titre : _____

TEXTES À TRANSFORMER

21 — CM2

Le déluge

Brusquement, il fit nuit, les fenêtres du ciel s'ouvrirent et des torrents d'eau s'abattirent sur la Terre.

Elle trembla et fut malmenée comme une noix perdue entre les vagues et l'océan.

Les rocs se brisèrent et de leurs fentes, jaillirent des fontaines. Il plut pendant quarante jours et quarante nuits.

Hommes et bêtes périrent. Seule, l'Arche de Noé flotta sur les eaux et s'éleva au-dessus de la Terre.

Consigne : Ecris ce texte au présent.

Ecris ton texte ici :

Titre : _____

TEXTES À TRANSFORMER

La guerre éclair

Le 10 mai 1940, Hitler lance ses avions et ses chars à l'assaut des Pays-Bas, de la Belgique, du Luxembourg.

Les Français sont sûrs de leur ligne de défense : la ligne Maginot. Mais l'armée allemande la contourne et le 14 juin elle arrive à Paris.

La France n'est pas préparée à cette guerre éclair.

Son armée est écrasée : 92 000 morts, 200 000 blessés et 2 millions de prisonniers.

Okapi, n°535

Consigne : Ecris ce texte au passé simple.

Ecris ton texte ici :

Titre : _____

TEXTES À TRANSFORMER

CM2 — 23

Au tribunal

Le juge – Dites-nous ce qu'il s'est passé.

Thomas – Quand je me suis réveillé, j'ai quitté mon lit, je me suis habillé, je suis sorti de ma chambre, j'ai descendu les escaliers, j'ai pris la route, je suis arrivé à la gare, je suis monté dans le train, j'ai cherché une place, je me suis assis…

Le contrôleur – …sur une grosse dame. C'est à ce moment exact que je suis entré dans le compartiment.

Eugène Ionesco « Exercices de conversation » Théâtre V, Gallimard

Consigne : Ecris le passage de Thomas en récit à la 3ème personne du singulier. Commence par : « Quand Thomas s'est réveillé… »

Ecris ton texte ici :

Titre : _____

TEXTES À TRANSFORMER

24 — CM2

Mystère dans la nuit

Elle écrit, elle écrit toute la soirée. Enfin elle se lève et range ses papiers. Elle tend la main vers la lampe, la pièce devient toute noire.

Quelques minutes passent, puis le portail de l'immeuble s'ouvre. Une jeune fille se glisse dehors.

Ses cheveux dansent sur ses épaules. Elle se met à courir et disparaît bientôt au bout de la rue. Et moi je reste là, toute triste.

Gudule, la bibliothécaire, Hachette Jeunesse

Consigne : Ecris ce texte au passé composé.

Ecris ton texte ici :

Titre : _____

TEXTES À TRANSFORMER

Le début de l'Histoire en Mésopotamie

Cette région, alors désertique et peu accueillante, se peuple au cours d la préhistoire.

Dès 6 000 av-JC, les progrès techniques, notamment l'irrigation, permettent le développement de l'agriculture et de l'élevage.

Au sud, au pays de Sumer, où se constituent les premières villes, l'invention de l'écriture fait entrer l'homme dans l'Histoire.

Consigne : Ecris ce texte au passé composé.

Ecris ton texte ici :

Titre : _____

TEXTES À TRANSFORMER

Le Maréchal Pétain

Le gouvernement français, paniqué, appelle le maréchal Pétain, encore très populaire depuis la 1ère Guerre Mondiale.

Au lieu de se battre contre les Allemands, il fait cesser le combat.

L'armistice est signé le 22 juin 1940 à Rethondes dans le wagon de chemin de fer au même endroit que l'armistice de 1914.

La France laisse tomber les armes.

Consigne : Ecris ce texte au passé composé.

Ecris ton texte ici :

Titre : _____

CORRECTIONS

CM2

① Dire non au racisme et à l'intolérance

Et moi, pourquoi <u>je suis</u> comme <u>je suis</u> ?
<u>Je suis</u> comme <u>je suis</u> parce que <u>j'ai</u> des parents et des grands-parents à qui <u>je ressemble</u>.
Les moments que <u>je passe</u> avec mes copains et tout ce que <u>je vis</u>, ça fait aussi partie de ce que <u>je suis</u>.
<u>Mon</u> frère, <u>ma</u> sœur sont différents de <u>moi</u> bien que <u>nos</u> parents soient les mêmes.

Astrapi n°451, 15 novembre 1997

② Les cosmonautes dans la station Mir

Au début, <u>leurs affaires n'arrêtent</u> pas de voler ! <u>Ils perdent</u> toujours quelque chose. <u>Ils écrivent</u> des petits mots : « Si vous trouvez une montre, merci de prévenir <u>les cosmonautes</u> ! »
<u>Ils ont</u> emporté trois cents kilos de matériel pour mener <u>leurs</u> expériences. <u>Ils étudient</u> comment fonctionne le cerveau.
<u>Ils dorment</u> debout dans un sac de couchage accroché à une paroi. Sinon, <u>ils risquent</u> de se réveiller à l'autre bout de la station !

③ S'occuper de la perruche

<u>Installer</u> une grand cage, avec un gros perchoir bien lisse. <u>Ne pas mettre</u> la perruche dans la cuisine, la graisse abîmant ses plumes.

<u>Enlever</u> tous les jours les crottes de la cage, <u>la nettoyer</u> à fond une fois par semaine. <u>Lui fournir</u> des graines, des fruits et des légumes crus et de l'eau fraîche régulièrement.

<u>Faire</u> souvent voler la perruche hors de sa cage, mais avant, <u>tirer</u> les rideaux des fenêtres, <u>bien fermer</u> les portes et <u>enlever</u> tout ce qui peut la blesser.

④ Le gâteau au chocolat

<u>Cassez</u> une plaque de 200 g de chocolat noir en petits morceaux, <u>ajoutez</u> 100 g de beurre, <u>faites-les</u> fondre (deux minutes au micro-ondes ou tout doucement au bain-marie).
<u>Tournez</u> (pour rendre le mélange bien homogène).

<u>Ajoutez</u> 175 g de sucre et une cuiller à soupe de farine. <u>Prenez</u> 6 œufs, <u>séparez</u> les blancs des jaunes, <u>ajoutez</u> les jaunes, <u>battez</u> les blancs en neige et <u>incorporez</u> délicatement à la préparation. <u>Cuisez</u> à four doux pendant vingt minutes. <u>Servez</u> froid.

CORRECTIONS   CM2

5 — Les éléphants

Les éléphants se servent de leur extraordinaire intelligence pour survivre.

Dés qu'ils sont chassés, ils changent de territoires, ils se cachent.

C'est parce qu'ils sont très intelligents que les éléphants ont survécu aux massacres perpétrés par l'homme pour leur ivoire.

Ce sont aujourd'hui des animaux protégés.

6 — Qui sommes-nous ?

Nous sommes des rats blancs. Nous sommes plus gros que la souris.

Nous avons une dentition différente : notre première molaire est plus courte et moins voyante.

Nous descendons du surmulot sauvage qui vit dans nos campagnes. En véritables gloutons, nous grignotons sans cesse.

Nous nous attachons rapidement à nos maîtres avec qui nous partageons trois ou quatre ans de vie.

7 — Les requins-baleines

Les monstres sont des requins-baleines. Ces gros poissons ont une tête qui atteint une telle grosseur et une taille laideur, qu'elle nous impressionne. Elle est large et plate comme celle d'une grenouille.

Leurs petits yeux sont placés latéralement et leurs mâchoires ressemblent à celles d'un crapaud.

Ils possèdent un corps énorme, mais leur longue queue et leur mince nageoire caudale, prouvent que ces animaux n'appartiennent à aucune espèce de baleine.

8 — Deux pour une

Toi et moi arrivons en colonie de vacances. Nous ne nous sommes jamais rencontrées. Je viens de Londres. Toi de Rome.

A notre arrivée, tout le monde est figé de surprise, nous sommes le sosie l'une de l'autre.

Au début, nous prenons très mal cette ressemblance, puis l'amitié naît entre nous.

CORRECTIONS

CM2

9 — Le Titanic

Le Titanic, le plus grand paquebot de son époque, <u>partira</u> d'Angleterre direction New-York le 14 avril 1912.
23h57 : Les gardiens de navigation <u>apercevront</u> un iceberg et <u>alerteront</u> le commandant de bord.
23h58 : Le Titanic <u>heurtera</u> l'iceberg, puis la salle des machines se <u>remplira</u> d'eau.. Les passagers <u>seront</u> informés. Les femmes et les enfants <u>monteront</u> dans les canots de sauvetage.
02h20 : Le bateau <u>coulera</u> et environ 1 500 personnes <u>mourront</u>, soit noyées, soit de froid.

10 — Vive mon robot !

Voici mon robot : il <u>réalisera</u> tous mes souhaits.
J'<u>appuierai</u> sur un bouton : il <u>dessinera</u> mon portrait.
Sur un autre, il <u>apprendra</u> ma leçon à ma place. Il <u>saura</u> aussi rendre la monnaie.
Je <u>n'aurai</u> plus à me lever : il <u>m'amènera</u> à manger quand j'<u>aurai</u> faim, il <u>allumera</u> la télé, il <u>ira</u> faire les courses.
Comme il <u>sera</u> bien mon robot ! Hélas, il <u>n'existera</u> que dans mes rêves.

11 — Les beaux jours

La saison sèche <u>sera</u> propice au voyage.
Les jours <u>seront</u> cléments et les nuits fraîches.
Mais à mesure que nous <u>irons</u> vers le sud, il <u>fera</u> presque assez chaud pour pouvoir dormir dehors sans couverture.
Les midis <u>seront</u> devenus si brûlants que nous <u>aurons</u> envie de nous défaire de tous nos vêtements et de notre chargement.

12 — Les indiens de la rue Jules Ferry

Ce matin, Plume-Agile <u>lèvera</u> le nez et <u>reniflera</u>.
Le vent <u>tournera</u> et il y <u>aura</u> dans l'air comme une odeur de trahison.
Elle <u>sera</u> restée seule au campement.
Les enfants et les vieillards <u>auront</u> été évacués au début de l'après-midi vers les montagnes.
Les guerriers <u>surveilleront</u> au loin ou bien <u>chasseront</u>.

CORRECTIONS CM2

13 — Le souper du roi

Le repas du Roi <u>constituait</u> chaque soir un moment important de la vie de la cour. Louis XIV <u>soupait</u> au Grand Couvert, devant les courtisans. Seule la famille royale <u>pouvait</u> manger avec le Roi. L'étiquette <u>définissait</u> très rigoureusement le déroulement de ce souper dont le maître d'hôtel <u>dirigeait</u> les opérations.
Le souper <u>était</u> souvent pris en musique. Un violoniste de la Chambre <u>interprétait</u> les symphonies de Delalande et un chanteur <u>animait</u> parfois la soirée.

14 — Un jaguar très rusé

<u>Aujourd'hui</u>, près du village au bord du fleuve, <u>vit</u> un jaguar très rusé.
Quand un problème <u>survient</u> dans la grande forêt, on <u>fait</u> toujours appel à lui.
Il <u>arrange</u> les histoires de famille en se faisant payer un bon prix.
Tous les animaux <u>ont</u> eu affaire à lui.
Sa réputation <u>a</u> même atteint les oreilles des hommes.

15 — L'animal étudie

<u>Le cochon, lui, savait</u> déjà lire et écrire à la perfection. <u>Le chien apprenait</u> à lire à peu près couramment.
<u>Le chèvre, s'en tirait</u> mieux que lui. Le soir, <u>il lui arrivait</u> de faire aux autres la lecture des fragments de journaux.
<u>Le vache récitait</u> toutes les lettres, mais la science des mots lui échappait.
Quant <u>au coq il n'allait</u> pas au-delà de la lettre « d ».

16 — Maladresse

Il arrivait sans arrêt à Milo des accidents stupides :

<u>Il renversait</u> le vase précieux de sa mère, <u>il s'asseyait</u> sur le dernier disque de sa sœur, <u>il crevait</u> le fond du sac à provisions (où se trouvaient naturellement les œufs) en revenant du supermarché. Ou encore, <u>il recevait</u> des livres sur la tête à la bibliothèque.

Les gens parfaits n'étaient sûrement pas victime de tels accidents.

Mais comment devenir parfait en 3 jours. Stephen Manes, Rageo-Editeur

CORRECTIONS
CM2

17 — Inventions

Dans tout le pays, on <u>organisait</u> un concours pour l'invention la plus utile. Beaucoup d'entre elles <u>étaient</u> vraiment intelligentes, utiles et faciles à réaliser : voitures très économiques qui <u>marchaient</u> au sirop de grenadine et <u>laissaient</u> derrière elles un sillage de parfum ; engrais qui <u>faisaient</u> pousser un tapis de gazon sur les trottoirs ; vêtement dont la taille <u>augmentait</u> au fur et à mesure que les enfants <u>grandissaient</u> ; lunettes d'étude qui <u>rendaient</u> attrayante la lecture des manuels scolaires.

D'après Marcelle Argili, Nouvelles d'aujourd'hui.

18 — Les villes du Moyen-Age

1. Au Moyen-Age, les villes se <u>développèrent</u> et les remparts <u>devinrent</u> vite trop étroits.
2. Mais ils <u>assurèrent</u> la sécurité et les bourgeois <u>s'entassèrent</u> dans des maisons construites en hauteur.
3. Les ateliers et les boutiques <u>s'ouvrirent</u> sur des rues bruyantes, étroits et boueuses.
4. On <u>commença</u> à les paver au XIIIème siècle seulement.

19 — Les ours

Une voûte sombre perçait la falaise à une faible hauteur. Au fond de la grotte, <u>les ours grognèrent</u>, <u>irrités</u> par le tintamarre qui venait déranger leur quiétude.
<u>Leurs</u> narines noires frémirent.
Lourdement, <u>ils s'approchèrent</u> de l'entrée de <u>leur</u> retraite et <u>passèrent</u> la tête au-dehors, <u>se dressèrent</u> sur <u>leurs</u> pattes arrières et <u>tendirent</u> <u>leur</u> nez au vent.

Stephan Wul, Niourk, Denoël

20 — La petite chèvre de Monsieur Seguin

Quand la petite chèvre blanche <u>arrive</u> dans la montagne, <u>c'est</u> un ravissement général.
Jamais les vieux sapins <u>n'ont</u> rien vu d'aussi joli.
Les châtaigniers se <u>baissent</u> jusqu'à terre pour la caresser du bout de leurs branches.
Les genêts d'or <u>s'ouvrent</u> sur son passage et <u>sentent</u> bon tant qu'ils <u>peuvent</u>.
Toute la montagne lui <u>fait</u> la fête.

Les lettres de mon Moulin d'Alphonse Daudet

CORRECTIONS CM2

21 — Le déluge

Brusquement, il <u>fait</u> nuit, les fenêtres du ciel <u>s'ouvrent</u> et des torrents d'eau <u>s'abattent</u> sur la Terre.
Elle <u>tremble</u> et <u>est</u> malmenée comme une noix perdue entre les vagues et l'océan.
Les rocs se <u>brisent</u> et de leurs fentes, <u>jaillissent</u> des fontaines. Il <u>pleut</u> pendant quarante jours et quarante nuits.
Hommes et bêtes <u>périssent</u>. Seule, l'Arche de Noé flotte sur les eaux et <u>s'élève</u> au-dessus de la Terre.

22 — La « guerre éclair »

Le 10 mai 1940, Hitler <u>lança</u> ses avions et ses chars à l'assaut des Pays-Bas, de la Belgique, du Luxembourg.
Les Français <u>furent</u> sûrs de leur ligne de défense : la ligne Maginot.
Mais l'armée allemande la <u>contourna</u> et le 14 juin elle <u>arriva</u> à Paris.
La France ne <u>fut</u> pas préparée à cette guerre éclair.
Son armée <u>fut</u> écrasée : 92 000 morts,
200 000 blessés et 2 millions de prisonniers.

Okapi, n°535

23 — Au tribunal

Quand Thomas <u>s'est réveillé</u>, il <u>a quitté</u> son lit, il <u>s'est habillé</u>, il <u>est sorti</u> de sa chambre, il <u>a descendu</u> les escaliers, il <u>a pris</u> la route, il <u>est arrivé</u> à la gare, il <u>est monté</u> dans le train, il <u>a cherché</u> une place, il <u>s'est assis</u>.

24 — Mystère dans la nuit

Elle <u>a écrit</u>, elle <u>a écrit</u> toute la soirée. Enfin elle <u>s'est levée</u> et <u>a rangé</u> ses papiers. Elle <u>a tendu</u> la main vers la lampe, la pièce <u>est devenue</u> toute noire.

Quelques minutes <u>ont passé</u>, puis le portail de l'immeuble <u>s'est ouvert</u>. Une jeune fille <u>s'est glissée</u> dehors.

Ses cheveux <u>ont dansé</u> sur ses épaules. <u>Elle s'est mise</u> à courir et <u>a disparu</u> bientôt au bout de la rue. Et moi, je <u>suis restée</u> là, toute triste.

CORRECTIONS

CM2

25 — Le début de l'Histoire en Mésopotamie

Cette région, alors désertique et peu accueillante, <u>s'est peuplée</u> au cours d la préhistoire.

Dès 6 000 av-JC, les progrès techniques, notamment l'irrigation, <u>ont permis</u> le développement de l'agriculture et de l'élevage.

Au sud, au pays de Sumer, où <u>se sont constituées</u> les premières villes, l'invention de l'écriture <u>a fait</u> entrer l'homme dans l'Histoire.

26 — Le maréchal Pétain

Le gouvernement français, paniqué, <u>a appelé</u> le maréchal Pétain, encore très populaire depuis la 1ère Guerre Mondiale.

Au lieu de se battre contre les Allemands, il <u>a fait</u> cesser le combat.

L'armistice <u>a été</u> signé le 22 juin 1940 à Rethondes dans le wagon de chemin de fer, au même endroit que l'armistice de 1914.

La France <u>a laissé</u> tomber les armes.

Printed in France by Amazon
Brétigny-sur-Orge, FR